Wolfgang Hinz
Ködereien über Ulm

Wolfgang Hinz

Ködereien über Ulm

Die Geschichte der Stadt Ulm
Illustriert von Sieger Köder

Text	Wolfgang Hinz
Illustrationen	Sieger Köder
Satz	Raats + Gnam GmbH
Druck	Offsetdruck Gutmann, Heilbronn
©	1982, Wolfgang Hinz, Sonnenweg 26, 7900 Ulm
	ISBN 3-923430-00-0

Vorwort

Die Geschichte der Stadt Ulm, einer traditionsbewußten und mit Geschichte, Kunst und Kultur eng verknüpften ehemaligen Pfalz und freien Reichsstadt läßt sich nicht auf wenigen Seiten darstellen. Zu umfangreich sind die Ereignisse und Entwicklungen, die Ulm im Verlauf der Jahrhunderte geformt und geprägt haben. So stellt dieses Büchlein nur den Versuch dar, sich mit der Geschichte der Stadt zu befassen und einige der wichtigsten Daten zu behandeln. Sollte es gelingen, beim Leser das Interesse für die Geschichte der Stadt zu erwecken und eine Vertiefung der Information durch andere ausführliche Literatur zu erreichen, so würde mich dies, im Interesse unserer Heimatstadt, freuen.
Der besondere Reiz dieses Büchleins liegt aber in seinen Illustrationen, mit viel Sachkenntnis von Pfarrer Sieger Köder in seiner unverkennbaren Manier angefertigt. Treffsicher werden nicht nur wichtige Ereignisse gezeigt, sondern auch für die Stadtentwicklung sicherlich unbedeutende, für den Leser jedoch erfrischende Ereignisse karrikiert.

März 1982
Wolfgang Hinz

Inhalt

Geologischer Ursprung der Landschaft um Ulm

Juli 854
Erste urkundliche Erwähnung Ulms

1134
Zerstörung der Kaiserpfalz

1140
Wiederaufbau der Pfalz

1183
Gründung des ersten Ulmer Klosters

20. April 1316
Vertreibung der Bayern aus Ulm

1316
Die Stadt wird ausgebaut

1356
Einrichtung einer Münzstätte in Ulm

1366
starb der Mystiker Heinrich Seuse

4. Juli 1376
Schwäbischer Städtebund

30. Juni 1377
Grundsteinlegung zum Ulmer Münster

26. März 1397
Großer Schwörbrief

25. Juli 1405
Feierliche Einweihung des Münsters

1439
Blüte der Tuchproduktion

1465
Felix Fabri, Geschichtsschreiber

1473
Blüte der Buchdruckerkunst in Ulm

10. September 1492
König Maximilian in Ulm

3. November 1530
Reformation wird angenommen

1531
Bildersturm im Ulmer Münster und Auflösung der Klöster

1546
Beendigung des Schmalkaldischen Krieges für Ulm durch einen Separatfrieden

1570
Gewerbsmäßiger Schiffbau (Ulmer Schachtel)

28. Februar 1617
Bierpreiserhöhung, Grundsteinlegung der Dreifaltigkeitskirche

Nov. 1618
Komet über Ulm

1618–48
Dreißigjähriger Krieg

11. Juni 1622
Gründung des Gymnasium academicum

1624
Ausbau der Befestigungen, Grabenhäuschen

1626–27
Johannes Kepler in Ulm

29. Mai 1630
Wallenstein in Ulm

1635
Pest in Ulm

1641
Einrichtung des ersten städtischen Theaters Deutschlands

13. Februar 1644
Donnerwetter in Ulm

17. März 1648
Plünderung des Klosters Elchingen

1683
Einschiffung von Truppen gegen die Türken

20. Juli 1683
Gebet „wider den Türk"

8. September 1702
Einnahme Ulms durch die Bayern

1722–26
Auswanderung von Schwaben nach Ungarn (Donauschwaben)

1729
Sternsingen

1. Mai 1770
Maria Antonia, Erzherzogin von Österreich, in Ulm

1775–77
C.F.D. Schubart in Ulm

1778
Ulmer Bürger kämpfen um die Mitbestimmung im Rat

23. September 1800
Ulm wird französisch, Festungen werden „geschliffen"

1802
Ulm wird Hauptstadt der bayerischen Provinz Schwaben

17. Oktober 1805
Kapitulation der österreichischen Besatzung Ulms vor Napoleon

6./7. November 1810
Ulm wird württembergisch

30. Mai 1811
Flugversuch über die Donau von Albrecht Berblinger, dem „Schneider von Ulm"

1811
Anlage der Friedrichsau

1. Juli 1828
Zollschranken fallen wieder

1828
Abbruch der Stadttore

1829
Grundsteinlegung der Herdbrücke

1839
Erstes Dampfschiff in Ulm

18. Oktober 1842
Ulm wird Bundesfestung

1846
Gründung der Turngemeinde Ulm

29. Juni 1850
Eröffnung der Bahnlinie Stuttgart–Ulm

2. Dezember 1852
Erste freiwillige Feuerwehr

1852
Eisenbahnbrücke

1869
Neu-Ulm wird Stadt

18. Juli 1871
Industrieausstellung in Ulm

1874
Freilegung des Münsterplatzes

14. März 1879
Albert Einstein wird in Ulm geboren

1890
Der Münsterbau wird vollendet

15. Mai 1897
Erste Straßenbahn in Ulm

1900
Aufkauf der Festungswälle
durch die Stadt

1943/44
Geschwister Scholl,
Feldmarschall Rommel

17. Dezember 1944
Ulm wird zerstört

1946
Gründung der Volkshochschule

1947/48
Wahlen zum Gemeinderat und
Oberbürgermeister

8. Juni 1951
Baubeginn auf dem Eselsberg

17. Juli 1954
1100 Jahrfeier der Stadt Ulm

2. Oktober 1955
Hochschule für Gestaltung wird eröffnet

27. März 1956
Erste Lichtsignalanlage

18. Mai 1963
Übergabe der staatlichen Ingenieurschule Ulm

21. März 1964
Gründungsausschuß Universität Ulm
eingesetzt

25. Februar 1967
Gründungsfeier Universität Ulm

2. Oktober 1968
Erster ökumenischer Gottesdienst

3. Oktober 1969
Eröffnung des neuen Ulmer Theaters

1971–75
Eingemeindungen

1972
Wahlen zum Oberbürgermeister, Dekan,
Landtagsabgeordneten

14.5.–6.10.1980
Erste Landesgartenschau
Baden-Württ./Bayern
Ulm/Neu-Ulm

Geologischer Ursprung der Landschaft um Ulm

Die Landschaft um Ulm erhielt in der Eiszeit ihre Form. Die Alb hatte sich aus dem Jurameer gebildet. Aus ihr floß, über dem heutigen Blautal, die Donau. Erst in der Rißeiszeit folgte sie dem kürzeren Weg an der Alb entlang unterhalb des Hochsträsses. Die Gegend südlich der Donau wurde durch verschiedene Gletscher der Eiszeiten gebildet.
Von einer kleinen Erhöhung an dem Einfluß der Blau in die Donau nahm die Stadt Ulm ihren Ausgangspunkt bis zu einer heute der Stadt gehörenden Gesamtfläche von 11 700 ha.

am 27. April vor vielen, vielen Jahren erblickte der letzte Saurier – während Bauch und Schwanz ihm schon versteinerten – zum ersten Mal eine sanfte Kuppe an Donau und Blau aus dem Jurameer herausragen. Da wär er so gern noch geblieben aber seine zunehmende Versteinerung erlaubte ihm solches nicht.

Juli 854
Erste urkundliche Erwähnung Ulms

Ulm wird 854 erstmals in einer Urkunde König Ludwigs des Deutschen erwähnt. Die Gebäude der Pfalz befanden sich auf dem heutigen Weinhof. Von der genauen Lage ist heute nur noch diejenige der Kapelle bekannt.

* curia: Hoftag

**1134
Zerstörung der
Kaiserpfalz**

Die Staufer bauten Ulm zu einem Hauptstützpunkt ihres Machtgebiets aus. 1134 wurden die staufischen Brüder Friedrich und Konrad in Ulm von dem Welfenherzog Heinrich dem Stolzen von Bayern in einem Erbschaftskrieg besiegt. Die Kaiserpfalz wurde dabei bis auf die Pfarrkirche vollständig zerstört.

**Um 1140
Wiederaufbau
der Pfalz**

König Konrad III. erkannte die bedeutende Lage der Pfalz und begann um 1140 mit deren Wiederaufbau. Die Befestigungsanlagen der Pfalz wurden dabei verstärkt und die umliegende Siedlung in die Befestigungsanlage mit einbezogen. Drei Tore, im Westen das Löwentor, im Norden das Leonhardstor, im Südwesten das Schützentor sowie eine Brücke über die Donau öffneten den Markt- und Handelsplatz in die Hauptverkehrsrichtungen. Zahlreiche, in Ulm abgehaltene Hoftage lassen die Bedeutung der Pfalz erkennen. Um 1165 verlieh Friedrich Barbarossa Ulm das Marktrecht, das der Ernennung zur Stadt gleichzusetzen ist. Dieses Recht wurde 1274 durch Rudolf von Habsburg formal erneuert und konnte Ulm bis 1802 erhalten bleiben.

**1183
Gründung des
ersten Ulmer
Klosters**

In Blaubeuren (1085), Wiblingen (1093) und Elchingen (1128) befanden sich bereits Klöster, als 1183 das Augustiner-Chorherrenstift am Michelsberg gegründet wurde. Über die „Blauinsel zu Wengen", wohin es 1215 umsiedelte, kam es dann 1376 innerhalb der Ulmer Stadtmauern und behielt den Namen Wengenkloster. 1237 entstand auf dem Gries ein Klarissenkloster, das aber wegen ungünstiger Lage 1258 nach Söflingen verlegt wurde. Bereits vorher (1229) war das Franziskaner- oder Barfüßerkloster gegründet worden.

20. April 1316
Vertreibung der Bayern aus Ulm

Im Jahre 1316 wurden zwei deutsche Könige gewählt: Friedrich der Schöne von Österreich und Ludwig der Bayer. Die Verhältnisse im damaligen Ulm sahen auf der einen Seite die Patrizier, die in Ulm herrschten und zu den Habsburgern hielten, auf der anderen Seite die Zünfte, die mehr zu Ludwig dem Bayer tendierten. In der Nacht vom 20. April drangen die Bayern unter Leitung eines Ulmer Bürgers in Ulm ein und versuchten, es zu besetzen. Den Ulmer Bürgern gelang es jedoch, unter Führung des Grafen Ulrich von Schelklingen und Burghart von Ellersbach (Erbach), die Bayern wieder zu vertreiben.

Im Jahr 1316 am 15. d. M. April treibt die Bürgerschaft die Bayern – zum 1. Mal? – aus der Stadt hinaus

**1316
Die Stadt wird ausgebaut**

In diesem Jahr beginnt die Stadt mit der Erweiterung und dem Ausbau ihres Gebietes und den Befestigungen, die bis ins 19. Jahrhundert die Größe der Stadt bestimmten. Die zwischen 4 000 und 7 000 Einwohner zählende Stadt plante und erweiterte ihre Anlagen so, daß bis zu 20 000 Einwohner innerhalb dieser Stadtgrenzen mühelos leben konnten. (Heute sind diese Grenzen – Donau, Friedrich-Ebert-Straße, Heimstraße, Münchner Straße – noch erkennbar).

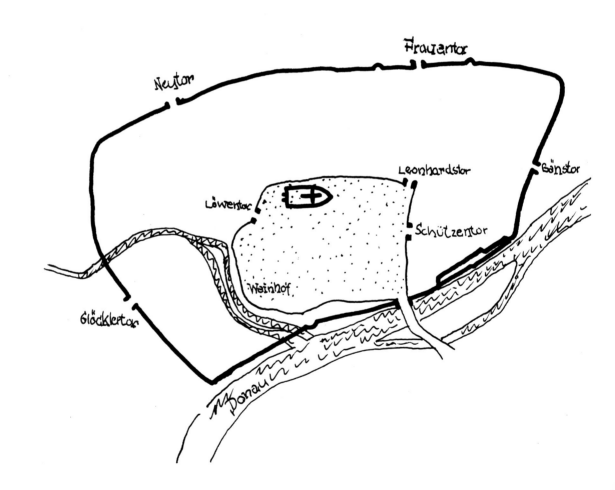

**1356
Einrichtung
einer Münzstätte
in Ulm**

Die Bedeutung des Spruchs „Ulmer Geld regiert die Welt" liegt nicht nur darin, daß durch den ausgedehnten Handel Ende des 14. Jahrhunderts Ulmer Waren über ganz Europa gehandelt wurden, sondern auch darin, daß Ulm bereits 1254 nachweisbar eigenes Geld prägte. Durch Erlaß Kaiser Karls IV. erhielt Ulm 1356 wieder eine Münzstätte, nachdem durch den Zusammenbruch der Staufischen Macht auch der Münzbetrieb der Reichsstadt zum Erliegen gekommen war. Sie war bis 1802 in Betrieb. 1620 erbaute man im Fischerviertel auf der Insel hierfür eine eigene Münze. Vorher wurden die Münzen im Zeughaus geprägt, davor in einem Haus am Markt. Ulms bekannteste Münzen sind die viereckigen in Silber und Gold geprägten Kontributionsmünzen von 1704, die aus Zeitgründen nicht mehr ausgestanzt wurden.

**25. Jan. 1366
starb der
Mystiker
Heinrich Seuse
(Suso)**

Der Dominikanermönch Heinrich Seuse wurde um 1295 in Konstanz geboren. Er studierte in Köln, war danach Seelsorger und Lehrer in Konstanz und kam 1348 nach Ulm. Seine in Ulm verfaßten Schriften waren die meistgelesenen Bücher des späten Mittelalters. Heinrich Seuse starb 1366 in Ulm.

Fresko an der Außenwand der Susokirche am Eselsberg

**4. Juli 1376
Schwäbischer
Städtebund**

Kaiser Karl IV. belegte die freien Reichsstädte mehrfach mit hohen Sondersteuern zur Begleichung seiner Schulden. Auch die Verpfändung der Städte war mehrfach im Gespräch.
Zum Schutz ihrer Freiheit und ihrer Rechte schlossen sich 14 Reichsstädte unter der Führung Ulms zum Schwäbischen Städtebund zusammen.
Daraufhin belegte Karl IV. die Städte mit der Reichsacht und zog selbst mit einem starken Heer zur Unterwerfung der Stadt vor Ulm.
Die gut befestigte Stadt konnte nicht nur der Belagerung standhalten, sondern durch Ausfälle den Kaiser in arge Bedrängnis bringen, was schließlich zum Rückzug des kaiserlichen Heeres führte. Nach einem weiteren Sieg der Städte bei Reutlingen wurde die Reichsacht vom Kaiser 1377 wieder aufgehoben.

**30. Juni 1377
Grundsteinlegung zum
Ulmer Münster**

Ulm stand im 14. Jahrhundert als freie Reichsstadt auf der Höhe ihrer Macht. Handel und Gewerbe blühten und politisch als Führerin des Schwäbischen Städtebundes, mit dem Erfolg der abgewehrten Belagerung Kaiser Karls IV., war Ulm auch erfolgreich. So kann der Entschluß, die vor der Stadt liegende Pfarrkirche innerhalb der Stadtmauern größer und mächtiger wieder aufzubauen, nicht nur unter dem Gesichtspunkt der kriegsbedingten Notwendigkeit gesehen werden, sondern auch zur Unterstreichung des Bürgerwillens und Reichtums der Stadt.
Der Grundstein für die neue Pfarrkirche innerhalb der Stadtmauern wurde in Anwesenheit aller Edlen, des Rates, der Pfarrer und aller Bürger vom Bürgermeister Ludwig Kraft in den dritten Morgenstunden des 30. Juni gelegt. Die ersten Münsterbaumeister waren die Parler aus Gmünd. Ihr Plan sah eine Hallenkirche mit drei gleichen Schiffen und drei halbhohen Türmen vor. Der Chor mit den beiden Chortürmen und das Langhaus wuchsen rasch. 1392 übernahm Ulrich von Ensingen die Bauleitung. Er veränderte die Pläne, erhöhte das Mittelschiff auf 42 Meter und skizzierte erste Gedanken zu einem alles überragenden Turm im Westen. Nach seinem Tod wurde das Werk von Familienangehörigen weitergeführt.

**26. März 1397
Großer
Schwörbrief**

Die Auseinandersetzungen zwischen Patriziern, der herrschenden Schicht, und den Zünften, die um ihre Mitbestimmung kämpften, fand ein vorläufiges Ende durch eine Verfassung, die 1345 aufgestellt wurde (Kleiner Schwörbrief). Diese Verfassung sah u. a. vor, daß dem zukünftigen Rat der Stadt neben Patriziern auch Zunftmitglieder angehören sollten. Erst 1397 wurde mit dem „Großen Schwörbrief" der endgültige Friede und die Verfassung für die folgenden 150 Jahre festgelegt. Dieses Ereignis wird noch heute mit dem „Schwörmontag" feierlich begangen.

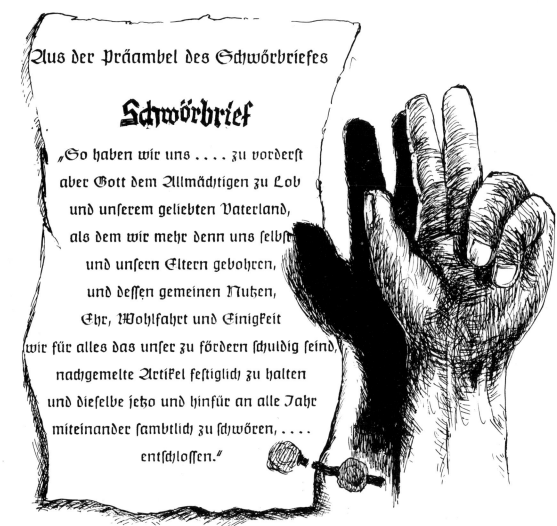

Aus der Präambel des Schwörbriefes

Schwörbrief

„So haben wir uns .... zu vorderst aber Gott dem Allmächtigen zu Lob und unserem geliebten Vaterland, als dem wir mehr denn uns selbst und unsern Eltern gebohren, und dessen gemeinen Nutzen, Ehr, Wohlfahrt und Einigkeit wir für alles das unser zu fördern schuldig seind, nachgemelte Artikel festiglich zu halten und dieselbe jetzo und hinfür an alle Jahr miteinander sambtlich zu schwören, ... entschlossen."

**25. Juli 1405
Feierliche
Einweihung
des Münsters**

Die Bauarbeiten am Münster waren soweit fortgeschritten, daß am 25. Juli 1405 die Weihe des Münsters zur Ehre der Mutter Gottes vorgenommen werden konnte. Zu diesem Zeitpunkt war der Chor mit einem Notdach versehen, während hinter einer Holzverschalung sichtbar am eigentlichen Langhaus noch gearbeitet wurde.

Am 25. Juli 1405 wurde das Münster im Beisein vieler Prälaten und Bischöfe zu Ehren der Mutter Gottes eingeweiht

1439
Blüte der Tuchproduktion

Grundlage der Ulmer Wirtschaftsmacht war nicht nur der Handel, sondern auch die Produktion von Tuch und Leinen. Der „Ulmer Barchent", ein Gemisch aus Leinen und Baumwolle, war im ganzen europäischen Festland ein begehrter Artikel.
In der Blütezeit waren bis zu annähernd 600 selbständige Weber in und um Ulm beschäftigt, so daß der Rat sogar eine eigene Handelsmesse für Tuch plante, zu der es aber nie kam.

1465
Felix Fabri Geschichtsschreiber

Der Dominikaner Felix Fabri (Schmid) kam in diesem Jahr von Basel nach Ulm. Hier war er 37 Jahre lang u. a. als Geschichtsschreiber tätig. Wir verdanken ihm die erste zusammenhängende Chronik der Geschichte Ulms. 1502 ist er im Alter von 61 Jahren gestorben.

Auch die Kunst blühte in Ulm. 1467 wird das Sakramentshaus im Münster fertiggestellt. 26,50 m hoch aus Stein erbaut in Form einer riesenhaften Monstranz. Jörg Syrlin der Ä. fertigt das Chorgestühl im Münster, ebenso den Fischkastenbrunnen am Marktplatz.

**1473
Blüte der
Buchdrucker-
kunst in Ulm**

Ulm trat als bedeutender Ort der Buchdruckerkunst (erfunden 1445 von J. Gutenberg) hervor, als der Meister Johann Zainer das von dem Ulmer Stadtarzt Dr. Heinrich Steinhöwel verfaßte Buch „Pestilenz" herausgab. Kurz darauf folgten weitere Werke, die zum Teil auch wegen ihrer Holzschnitte berühmt wurden. Ebenso bekannt waren die Drucker Dinkmut (Schwäbische Chronik 1486) und Lienhart Holl, der den ersten in Deutschland gedruckten Atlas herausgab.

**10. Sept. 1492
König Maximilian
in Ulm**

Maximilian der letzte Ritter, Sohn Kaiser Friedrichs III., hielt sich mehrmals in Ulm auf. Bei seinem Besuch 1492 besichtigte er auch den Münsterbau und soll, da er als schwindelfreier Mann galt, auf der höchsten Stelle des Turms auf einem Fuß stehend, den anderen über die Umwehrung in die Luft gestreckt haben.
Der Besuch ist durch eine Gedenktafel an der Nordseite des Turms verewigt.

Vom 4-14. Juli 1492 besuchte Maximilian, der „letzte Ritter" Ulm. Er stieg auf das Turmwerk. Dort soll der schwindelfreie Gemsenjäger mit einem Fuß auf das Gerüst gestanden sein. Den anderen wedelte er vergnüglich in die Luft.

**3. Nov. 1530
Reformation
wird
angenommen**

Im Jahre 1530 erließ der Kaiser den „Reichsabschied", der von den Protestanten verlangte, innerhalb einer bestimmten Frist alle kirchlichen Änderungen wieder rückgängig zu machen und zum alten Glauben zurückzukehren.
Am 3. November 1530 entschied sich die Bürgerschaft mit 1602 gegen 257 Stimmen für die Ablehnung des „Reichsabschieds", also gegen den Kaiser und für die protestantische Lehre.

Anno 1530 am 3. d. M. November entscheidet sich die Bürgerschaft für die Annahme der Reformation. Daraufhin ziehen die Franziskaner Barfüsser ab nach Dillingen

**1531
Bildersturm im
Ulmer Münster
und Auflösung
der Klöster**

Nach Annahme der neuen Lehre in Ulm wurde auch eine hierfür notwendige Kirchenordnung aufgestellt. In fanatischer Weise ist das Münster von allem „Götzenwerk" gereinigt worden. Von den 60 Altären des Münsters konnten einige noch rechtzeitig in Sicherheit gebracht werden, viele, darunter auch 2 Orgeln, aber zerstört.
Alle Klöster Ulms wurden aufgehoben.

Am 21. d.M. Juni 1531 war im Münster der Bildersturm. Seither findet man in der Umgebung von Ulm viele köstliche Altargemälde, die dem Münster angehörten. Auch zwei Orgeln wurden zerstört

**1546
Beendigung
des Schmalkaldischen Krieges
für Ulm
durch einen
Separatfrieden**

Nach dem Ergebnis der Abstimmung vom 30. Nov. 1530 verbündeten sich die evangelischen Reichsstädte zu einem Bündnis, das in Schmalkalden ausgehandelt wurde. Kaiser Karl V. führte gegen die in diesem Bündnis vertretenen Städte Krieg, der durch die Schlacht bei Mühlberg 1547 für den Kaiser entschieden wurde. Vorher hatte jedoch Ulm bereits mit dem Kaiser einen Separatfrieden geschlossen, der die völlige Unterwerfung Ulms zur Folge hatte.

**1570
Gewerbsmäßiger
Schiffbau
(Ulmer
Schachtel)**

Durch die günstige Lage Ulms an Blau, Iller und Donau wurden auch die Flüsse als Handelswege benützt. Ursprünglich nur Umschlagplatz für Holzflöße aus dem Allgäu, wurde der Schiffsbau ab 1570 zu einem blühenden Gewerbe in Ulm. Die „Ulmer Schachtel" ist heute noch ein Begriff für den damaligen Schiffstyp, ebenso die Ordinarienschiffe, die regelmäßig Personen- und Frachtverkehr auf der Donau durchführten. Am 18. Oktober 1745 fuhren von Ulm aus Maria Theresia und Kaiser Franz I. auf der Donau bis Wien. Die Fahrt dauerte 8 Tage.

Mit der wirtschaftlichen Erholung Ulms nach dem Schmalkaldischen Krieg begann auch eine rege Bautätigkeit.
Die hölzerne Herdbrücke wurde durch eine steinerne Brücke ersetzt. Mächtige Gebäude wie der Neue Bau, Salzstadel und Kornhaus entstanden.

28. Febr. 1617　Bierpreiserhöhung, Grundsteinlegung der Dreifaltigkeitskirche

erhöhte sich die Steuer für das Bier, die Bierbrauer mußten für jedes Maß, das in der Stadt verkauft wurde, 1 Pfennig, auf dem Land 3 Pfennig abgeben.
Ebenfalls in diesem Jahr wurde der Grundstein für die Dreifaltigkeitskirche gelegt, die 1621 fertiggestellt werden konnte.

1617 hat man den Biersiedern das Umgeld von Bier erhöht, von jedem Maß in der Stadt 1 Pfg.

**1618–48
Dreißigjähriger
Krieg**

Während des Dreißigjährigen Krieges wurde Ulm mehrfach belagert, wobei jedesmal die Landbevölkerung in der Stadt Schutz suchte. Plünderungen des Ulmer Gebiets, mehrfache Durchzüge von Truppen, Erlahmung des Handels durch Krieg und Pest führten zum wirtschaftlichen Niedergang Ulms.

**Nov. 1618
Komet über Ulm**

In diesem Monat sah man 30 Tage lang von Ulm aus einen Kometen.

**11. Juni 1622
Gründung des
Gymnasium
academicum**

Bereits im 15. Jahrhundert gab es in Ulm schon Schulen, die jedoch ohne Schulzwang waren. Die Kirchenordnung von 1531 sah bereits drei festangestellte Schulpfleger vor, die 1532 auf vier erhöht wurde. Die Entwicklung führte 1557 zu einer Schulordnung und 1622 zur Gründung des Gymnasiums academicum. In diesem Gymnasium sollte der Nachwuchs ausgebildet werden, der zur Besetzung von Ämtern in Kirchen, Verwaltung und Schulen notwendig war.

**1624
Ausbau der
Befestigungen,
Grabenhäuschen**

Bereits 1521 bis 1566 wurden die vorhandenen Befestigungen nach Plänen von A. Dürer umgebaut. Nach der Erfindung des Schießpulvers war es notwendig, diese Anlagen zu ergänzen.
Unter Jan van Valckenburg wurde um Ulm ein neuer Ring mit Befestigungen gelegt, die alten jedoch beibehalten.
Auf den nördlichen alten Mauern errichtete man 175 einstöckige kleine Häuser, sogenannte Grabenhäuschen oder „Soldaten-Losamenter", die den angeworbenen Soldaten Ulms als Wohnungen dienten. Ein Teil dieser Grabenhäuschen ist heute noch erhalten, ein Teil wird seit 1978 wieder von der Stadt aufgebaut.

**1626–27
Johannes Kepler
in Ulm**

Der Mathematiker und Astronom Johannes Kepler hielt sich in diesen Jahren in Ulm auf. Hier erhielt er, zusammen mit dem Festungsbaumeister Faulhaber von der Stadt den Auftrag, die in Ulm gebräuchlichen Maße zu vereinheitlichen. Ihr Vorschlag empfahl einen Eichkessel, in dem alle Ulmischen Maße enthalten waren. Der Kessel wurde 1627 in Ulm gegossen und diente fortan als Eichmaß für alle im Ulmer Territorium verwendeten Maßgefäße. Ebenfalls in dieser Zeit wurden in Ulm die von Kepler erstellten astronomischen Berechnungen gedruckt. Die unter der Bezeichnung „Rudolfinische Tafeln" zu Ehren Kaiser Rudolfs II. herausgegebenen Bücher gehören mit zu den bedeutendsten Erzeugnissen der Ulmer Buchdruckerkunst.

**29. Mai 1630
Wallenstein
in Ulm**

übernachtete Generalissimus Wallenstein in Ulm, mit ihm 630 Personen seines Gefolges. Die für diesen Aufenthalt entstandenen Kosten müssen beträchtlich gewesen sein, da die Hofhaltung des siegreichen Feldherrn einem unbekümmerten, barocken Lebensstil entsprach.

**1635
Pest in Ulm**

Ein dreiviertel Jahr dauerte die Pest in Ulm. 15 000 Menschen kamen dabei um. Es waren gleichwohl Bürger der Stadt, Bauern der Umgebung wie auch fremdes Volk, das sich in Ulm aufhielt. Schulen und Bäder waren geschlossen.

**1641
Einrichtung
des ersten
städtischen
Theaters
Deutschlands**

Der Bauherr Joseph Furttenbach richtete in einer Kornscheuer, die er nach eigenen Plänen umbaute, ein ständiges Theater ein. Die Bühne hatte, nach italienischem Vorbild, bereits einen Vorhang und Orchestergraben sowie Kulissen, die gedreht werden konnten. Der Zuschauerraum faßte 600 ansteigende Sitzplätze und 150 Stehplätze. Neben Ulmer Schauspielgruppen, meist aus den Schulen, gastierten auch fremde Schauspielgruppen in Ulm. Am 20. November 1781 wurde ein neues Schauspielhaus eröffnet, das in der städtischen Wagenremise untergebracht war.

**13. Febr. 1644
Donnerwetter
in Ulm**

An diesem Tag ging über Ulm ein starkes Gewitter nieder, ein für diese Jahreszeit ungewöhnliches Ereignis. Der Blitz schlug zweimal im Münster ein und richtete einigen Schaden an der Westseite an.

**17. März 1648
Plünderung
des Klosters
Elchingen**

Im Januar 1648 besetzten bayerische Truppen das Ulmer Gebiet. Sie zogen plündernd durch die Gegend. Eine größere Horde überfiel dabei im März 1648 auch das Elchinger Kloster und plünderte es aus.

anno 1648 plündern Marodeure das Elchinger Kloster

**1683
Einschiffung
von Truppen
gegen die Türken**

Die Belagerung Wiens durch die Türken führte dazu, daß auch der Schwäbische Kreis Truppen zur Bekämpfung der Türken bereitstellen mußte. Von den 4 000 Mann Fußtruppe und 1 000 Reitern stellte die Reichsstadt Ulm 400 zu Fuß und 84 Reiter.
Ein Jahr später wurden nochmals von Ulm aus Truppen gegen die Türken ins Feld geführt, der Krieg jedoch erst 1688 durch die Eroberung von Belgrad vorläufig beendet.

Am 30.8.1683 hat man zu Ulm schwäbische Kavallerie gemustert und nach Ungarn geschickt gegen den Türk

**1683
Gebet
wider den Türk**

Zur Unterstützung der Truppen, die gegen die Türken vor Wien ins Feld zogen, wurde am 20. Juli ein Bettag eingeführt. Gleichzeitig war angeordnet, jeden Tag um 12.00 Uhr die Betglocke zu läuten und das Gebet „wider den Türk" zu sprechen.
Die Befreiung Wiens gelang am 12. September 1683, die Truppen kehrten im Dezember zurück.

Vom 20. Juli A.D. 1683 hat man um 12 Uhr vormittags die Betglock zu läuten angefangen wider den Türk

**8. Sept. 1702
Einnahme Ulms
durch die
Bayern**

Ulm war zu dieser Zeit von seinen Truppen entblößt, da der Schwäbische Kreis mit Markgraf Ludwig von Baden Truppen nach Landau entsandt hatte. Nur eine Wachkompanie war in Ulm zurückgeblieben. Diesen Umstand nützte der Kurfürst von Bayern zu einem Überfall. Als Bauern verkleidet gelangten einige bayerische Offiziere in die Stadt und überwältigten die Wachmannschaften am Gänstor.

Am 8. September 1702 eroberte der Kurfürst v. Bayern Ulm. Seine Offiziere hatten sich als Marktweiber und Bauern verkleidet, kamen durch das Gänstor und übertrumpelten die Wache. Bayerische Dragoner und Grenadiere folgten

**1722–26
Auswanderung
von Schwaben
nach Ungarn
(Donau-
schwaben)**

Nach dem von Prinz von Savoyen erkämpften Frieden mit den Türken waren der österreichische Kaiser und die Zarin Katharina bemüht, die verödeten Landstriche Ungarns durch Einwanderer neu zu beleben. Die Auswandererbewegung ergriff ganz Süddeutschland. Meist wurde von Ulm aus der Weg auf Ulmer Schachteln angetreten.

**1729
Sternsingen**

Erteilt der Rat der Stadt 2 Chören die Erlaubnis, an Neujahr und Dreikönig vor den Bürgerhäusern zu singen, jedoch nur auf ausdrücklichen Wunsch und nicht länger wie 10 Uhr.

Anno Domini 1729 am 1. und 6. des Monats wird den Meistersingern und den zwei Singchören erlaubt, vor den Bürgerhäusern zu singen, da wo man sie haben will und nicht länger als bis des Nachts um zehn.

**1. Mai 1770
Maria Antonia,
Erzherzogin
von Österreich
in Ulm**

Auf ihrem Weg nach Frankreich übernachtete Maria Antonia, Erzherzogin von Österreich, Tochter Maria Theresias, in Ulm. Der Rat der Stadt überreichte ihr als Geschenk ein vergoldetes Chocoladenservice aus Silber. Maria Antonia war damals 15 Jahre alt.

**1775–77
C. F. D. Schubart
in Ulm**

In diesen Jahren gab C. F. D. Schubart in Ulm seine zweimal wöchentlich erscheinende „Deutsche Chronik" heraus. Er war vorher als Musikdirektor in Ludwigsburg tätig gewesen, von dort aber des Landes (württembergischen) verwiesen und wegen seiner ironischen Äußerungen von Herzog Karl Eugen auch noch danach verfolgt.
Durch eine List wurde er 1777 nach Blaubeuren gelockt und verhaftet. Er verbrachte daraufhin 10 Jahre auf der Festung Hohenasperg.
Die „Deutsche Chronik" wurde in der Wagnerschen Druckerei, eine der bekanntesten Druckereien in Ulm, hergestellt. Über 100 Bände hatte diese Druckerei bis 1740 herausgegeben.
Anläßlich des Jubiläums der Erfindung der Buchdruckerkunst feierte die Wagnersche Druckerei in der Barfüßerkirche mit verschiedenen Ansprachen und „schöner Musik" dieses Jubiläum.

**1778
Ulmer Bürger
kämpfen um die
Mitbestimmung
im Rat
(Bürgerrechts-
prozesse)**

Der Rat versuchte durch eine neue Steuerordnung die Vermögenswerte innerhalb der Stadt und damit die Gewerbebetriebe besonders zu besteuern, den Großgrundbesitz der Patrizier im Territorium zu begünstigen.
Die Bürgerschaft bildete einen Ausschuß, der die Gleichbehandlung von Stadt und Land forderte. Seine Bemühungen scheiterten endgültig 1787. Das Ringen der Bürger um Mitbestimmung ging aber weiter. 1794 kam es zur Bildung eines weiteren Ausschusses, der aber auch keine Änderung der Verfassung erreichen konnte.

Am 27.8.1794 wählten die Zünfte einen bürgerlichen Ausschuß dem 7 Vertreter der Kaufleute- und Kramerzunft und je 2 Deputierte der übrigen Zünfte angehörten.

**23. Sept. 1800
Ulm wird franz.,
Festungen werden „geschliffen"**

In diesem Jahr wurde Ulm 4 Monate von den Franzosen belagert, jedoch ohne Erfolg. Erst aufgrund eines Vertrages zwischen Österreich und Frankreich wurde neben Ingolstadt und Philippsburg auch Ulm französisch. Noch in diesem Jahr begannen die Franzosen mit dem Abtragen der Ulmer Festungsanlagen.

Am 6. Juli 1800 früh um 2 Uhr hörte man eine Kanonade. Die Franzosen nahmen vom Eselsberg aus das Ruhetal ein.

**1802
Ulm wird Hauptstadt der bayerischen Provinz Schwaben**

Der Friede von Luneville im Februar 1802 legte u. a. fest, daß das linke Rheinufer französisch bleiben sollte. Als Ersatz erhielten die deutschen Fürsten für ihre Gebietsverluste kirchliche und städtische Gebiete. Die Stadt Ulm und das Gebiet Ulms wurden dem bayerischen Kurfürsten zugesprochen. Ulm wurde zur Hauptstadt der bayerischen Provinz Schwaben.

**17. Okt. 1805
Kapitulation der österreichischen Besatzung Ulms vor Napoleon**

Ulm war von österreichischen Truppen unter Feldmarschall Mack besetzt. Vom 13. Oktober bis 17. Oktober kämpften Österreicher gegen Franzosen zwischen Haslach, Elchingen und Albeck. Die Österreicher konnten jedoch keine wesentlichen Erfolge erzielen und wurden nach Ulm zurückgeworfen. Am 17. Oktober übergab der österreichische Feldmarschall Mack Ulm den Franzosen. 23 000 Österreicher wurden gefangen genommen.

Am 14. d. M Oktober 1805 erobert Marschall Ney den Donauübergang bei Oberelchingen.

am 19. desselben schreibt Napoleon kurz vor Ulm: „ich bin zufrieden..... Adieu, ma Josephine."

und am 20. desselben übergibt ihm General Mack Stadt u. Festung Ulm.

**6./7. Nov. 1810
Ulm wird
württembergisch**

Durch den Staatsvertrag, der am 18. Mai 1802 in Compiégne geschlossen wurde, mußte Bayern einen Teil seiner Provinz Schwaben an Württemberg abtreten. Neben Ulm kamen auch Tettnang, Ravensburg, Leutkirch, Wangen, Geislingen, Albeck, Crailsheim und Söflingen mit ihren Gebieten wieder zu Württemberg. Am 6. und 7. November 1810 fand die Übergabe statt. Die Donau wurde zur neuen Grenze. An den Übergängen entstanden auf beiden Seiten Zollhäuser.

Am 7. November 1810 marschierte die bayerische Garnison ab. Um 4 Uhr rücken die Württemberger ein mit 4 Kanonen.

30. Mai 1811 Flugversuch über die Donau von Albrecht Berblinger, dem „Schneider von Ulm"

Albrecht Berblinger, am 24. Juni 1770 geboren, hat sich neben seinem Schneiderhandwerk schon frühzeitig der Herstellung einer Flugmaschine und verschiedenen Arten von Prothesen gewidmet. Anläßlich des ersten Besuches von König Friedrich von Württemberg in Ulm erfolgte der Versuch des Albrecht Ludwig Berblinger, mit einer selbstkonstruierten Flugmaschine die Donau zu überfliegen. Der Versuch, erst am 31. vollzogen, mißlang. Nach dem bekannten Sturz in die Donau wurde der „Schneider von Ulm" zum Gespött der Bevölkerung.

Am 31. Mai vor 169 Jahren hat der Schneider von Ulm das Fliegen probiert und über seine Maschine sein Geschäft negligiert.

**1811
Anlage der
Friedrichsau**

Anläßlich seines Besuches in Ulm stiftete der württembergische König Friedrich I. 2 000 Gulden für ein Erholungsgebiet. Das „Gänshölzle", die heutige Friedrichsau, wurde bald ein beliebtes Ausflugsziel, mit zahlreichen Gesellschaftsgärten und später mit Vereinen wie „Hundskomödie" und „Liederkranz". Zu dem ersten Deutschen Liederfest 1836, das in Ulm abgehalten wurde, kamen ca. 12 000 Sänger. Aus Ulm selbst nahmen 9 Gesangsvereine teil.

Am 7. Juni anno 1813 sagten sich - in der Friedrichsau eine Ulmerin und ein Ulmer etwas ganz etwas wichtiges, bisher in Ulm Un-gesagtes und Un-erhörtes.

„hm?"
„mhm!"

**1. Juli 1828
Zollschranken
fallen wieder**

Im Zuge der deutschen Zolleinigung fielen 1828 die Zollschranken zwischen Bayern und Württemberg. Der Tag wurde durch ausgiebige Donaufahrten mit Ausflügen an beiden Ufern und einem Volksfest in der Friedrichsau gefeiert.

1828
Abbruch der Stadttore

Als für die Wehrtürme der alten Befestigungsanlagen Reparaturen notwendig wurden, entschloß man sich kurzerhand, sie abzureißen. In den Jahren 1828, 1837, 1843 und 1860 verschwanden das Herdbruckertor, Frauentor, Glöcklertor, der Einlaßturm auf der Stadtmauer und das Neutor.

1829
Grundsteinlegung der Herdbrücke

Ein Jahr später wurde am 15. Oktober der Grundstein für eine neue Herdbrücke gelegt, die im Zusammenhang mit dem Abbruch des Herdbruckertors ebenfalls abgebrochen worden war.
1832 konnte die Ludwig-Wilhelms-Brücke (Herdbrücke) feierlich eröffnet werden.
Die Ansiedlung entlang der Straße und um die Brücke wuchs rasch. Von 64 Personen, die um 1800 dort wohnten, waren es 1832 bereits 349.

1839
Erstes Dampfschiff in Ulm

Im August kamen die ersten Dampfschiffe die Donau herauf. Durch den niedrigen Wasserstand der Donau bedingt, mußte von einem gewerbsmäßigen Ausbau der Donau-Dampfschiffahrt bis Ulm jedoch bald abgesehen werden.

Die „Lesegesellschaft" feiert in diesem Jahr ihr 50jähriges Bestehen. Die Möglichkeiten des Erwerbs von Büchern, Zeitungen und Journalen war noch sehr begrenzt. Daher hatte sich in Ulm bereits 1789 eine „Lesegesellschaft" gebildet, die durch ihre Mitgliederbeiträge den Kauf von Büchern finanzierte und damit einer breiteren Bevölkerungsschicht zugänglich machte. Weiteres Ziel der Gesellschaft war die Pflege der Geselligkeit.
1841 in „Museumsgesellschaft" umgenannt, ist sie heute noch unter diesem Namen im kulturellen und gesellschaftlichen Bereich tätig.

**18. Okt. 1842
Ulm wird
Bundesfestung**

Der von der Bundesversammlung 1841 genehmigte Plan, Ulm als Bundefestung auszubauen, wurde mit dem ersten Spatenstich am 18. Oktober 1842 begonnen, 1859 beendet. Die Arbeiten an den Festungsanlagen leitete der preußische Ing. Major von Prittwitz. Bis zu 8 000 Arbeiter waren gleichzeitig an dem Bauwerk beschäftigt, das 16,5 Mill. Gulden kostete. Kernstück der Anlage sollte eine Zitadelle auf dem Michelsberg werden. Von hier aus verliefen im Osten und Westen Umwallungen zur Donau und darüber hinaus auch um Neu-Ulm. Außerhalb dieses Walls waren in unregelmäßigen Abständen, je nach Gegebenheiten des Geländes Forts oder sogenannte Vorwerke vorgesehen. Mehrere Tore mit vorgeschobenen Schutzwällen öffneten diese Befestigungsanlage.

**1846
Gründung der
Turngemeinde
Ulm**

Bereits 1817 wurde an den Ulmer Schulen Turnunterricht erteilt. Die Ansicht, daß nicht nur der Geist, sondern auch der Körper geschult werden müsse, führte 1846 zur Gründung der „Turngemeinde Ulm". Unter den Gründungsmitgliedern waren auch namhafte Persönlichkeiten wie C. D. Magirus. Heute ist der mit dem SSV vereinigte Verein „SSV Ulm 1846" der größte Sportverein Deutschlands.

am 9. d. M. vor 54 Jahren stiess Frl. Olly Jungkunz vom Ulmer Fussballverein 1894 im Ulmer Stadion Weltrekord im beidarmigen Kugelstossen (rechts 11,335 m – links 9,045 m)

**29. Juni 1850
Eröffnung der
Bahnlinie
Stuttgart–Ulm**

An diesem Tag kam der erste Zug aus Stuttgart in Ulm an. Königliche und städtische Beamte waren zum Empfang am Bahnhof versammelt. Die Artillerie feuerte aus allen Kanonen, im Bahnhof selbst wurde mit Essen und Musik gefeiert.

Am 29. Juni anno 1850 Eröffnung der schwäbischen Eisenbahn Schduagrd-Ulm..... ond Bibrach schon im Mai – evtl. auch Meckenbeuren-Dutlesb – ach!

1852
Erste freiwillige Feuerwehr

Aus der Turngemeinde Ulm bildete sich unter Leitung von C. D. Magirus die erste freiwillige Ulmer Feuerwehr, auch Steigerkompanie genannt. Diese Verbindung, Sport und Feuerwehr, war zur damaligen Zeit normal, da bei der Feuerwehr das turnerische Element eine große Rolle spielte. Im Jahre 1852 war der Aufbau der freiwilligen Feuerwehr Ulm abgeschlossen, C. D. Magirus blieb ihr Kommandant bis 1880.

1852
Eisenbahnbrücke

In diesem Jahr wird die Eisenbahnbrücke über die Donau gebaut. Am 5. Mai findet die erste Fronleichnamsprozession seit der Reformation statt. Sie führt von der Wengenkirche zum Blaubeurer Tor, von hier zum Kienlesberg, dann zurück zur Wengenkirche.

1869
Neu-Ulm wird Stadt

Durch die 1810 getroffene Grenzziehung waren die Ulmischen Gebiete südlich der Donau bayerisch geworden. Sehr bald entstanden hier ein eigenes Gemeindewesen und eine sich rasch vergrößernde Stadt. 1832 hatte „Neu-Ulm" erst 349 Bewohner, 1869 bereits 5 000. In diesem Jahr wurde es auch zur bayerischen Stadt erklärt.

Am 8. d.M. vor nicht mehr als 111 Jahren wird Neu-Ulm zur unmittelbaren Stadt erhoben: „Beim Bankett im Schießhaus kommen die herzlichen Beziehungen der Städte wiederholt zum Ausdruck." – (sagt der Chronist)

**18. Juli 1871
Eröffnung einer
Industrie-
ausstellung
in Ulm**

Die Belebung der Wirtschaft und zunehmende Industrialisierung finden in Ulm ihren Ausdruck in einer großen Industrieausstellung. Sie fand in den Markt- und Tuchhallen in der Sammlungsgasse statt.

**1874
Freilegung des
Münsterplatzes**

In Ulm wurde 1229 der Franziskanerorden von Schwäbisch Gmünd aus gegründet.
Die Franziskaner oder auch „Barfüßer" erhielten zum Bau ihres Klosters und der Kirche einen Platz am Rande der damaligen Stadt, beim Löwentor, heute Münsterplatz, zugewiesen.
Hier entstand die Klosteranlage, die bis zur Reformation Heimat der Barfüßermönche war. Nach deren Wegzug 1531 übernahm die Stadt die Gebäude und richtete eine Lateinschule ein, die 1622 in ein Gymnasium umgewandelt wurde und bis zum Abbruch der Gebäude hier beheimatet war. Der Abbruch vollzog sich 1874/75, um den Platz vor dem Münster zu verschönern und eventuell eine Neugestaltung zu ermöglichen.
An der Gestaltung des Münsterplatzes wird seit einiger Zeit wieder gearbeitet.

**14. März 1879
Albert Einstein
wird in Ulm
geboren**

Als Sohn eines Kaufmanns wurde Albert Einstein in Ulm geboren. Einstein, der Ulm bereits 1880 verlassen hat und dem 1934 sogar die deutsche Staatsbürgerschaft aberkannt wurde, ist 1933 nach den Vereinigten Staaten ausgewandert, wo er am 18. April 1955 in Princeton starb.

**1890
Der Münsterbau
wird vollendet**

1841 wurde der Verein für Kunst und Altertum in Ulm gegründet, dessen wichtigste Aufgabe es sein sollte, die Restauration des Münsters durchzuführen. Spenden der Regierungen, Einführung des Münsterkreuzers und einer Münsterbaulotterie waren die finanziellen Voraussetzungen für die Restaurierungen und den Weiterbau des Münsters.
1890 wurde der Turmbau mit einer Höhe von 161 m abgeschlossen und damit die Gesamtanlage des Münsters vollendet.

Am 30. d. M. Juni 1377 legt Bürgermeister Ludwig Kraft den ersten Stein zur neuen „Pfarrkirchen."

513 Jahre später, am 30. d. M. anno 1890 feierte Ulm die Vollendung des Münsterbaus, nachdem am 31. Mai dieses Jahres der Schlußstein versenkt worden ist.

**15. Mai 1897
Erste Straßen-
bahn in Ulm**

Nach erfolgreichen Verhandlungen mit der Nürnberger Elektrizitäts AG konnte am 15. Mai 1897 die erste Straßenbahn in Betrieb genommen werden. Die Strecke verlief in einer Ringlinie vom Bahnhof über Olgastraße und Frauenstraße zum Münsterplatz und durch die Hirschstraße zurück zum Bahnhof.
1905 wurde die Straßenbahn städtisch, die Strecken durch Linien nach Söflingen und an den Ostplatz erweitert.

**1900
Aufkauf der
Festungswälle
durch die Stadt**

Unter den Bürgermeistern C. von Heim und seinem Nachfolger Wagner begann in Ulm der Wandel von Handwerksbetrieben in Industriebetriebe, Ausbau von Gleisanlagen für Industrieunternehmen und Schaffung von Wohnraum, insbesondere für Arbeiterfamilien. Der Aufkauf des Geländes der Bundesfestung ermöglichte es, die Wälle abzutragen und das Gelände zur Bebauung freizugeben. Die räumliche Ausdehnung der Stadt wurde dadurch möglich. Gleichzeitig mit diesem Ausbau vollzog sich die Eingemeindung der Vororte Söflingen, Wiblingen und Grimmelfingen.
Bedeutende Firmen wie Wieland (Messingwerk), Magirus (Feuerlöschgeräte, Fahrzeuge), Mayser (Hüte), Eberhardt (Pflugfabrik), Schwenk (Zement) und Ott (Werkzeugfabrik) bauten ihre Betriebe, teilweise traditionelle Handwerksbetriebe, zu Industrien aus. Der Handel erfährt neuen Aufschwung durch das Zusammentreffen von sechs Eisenbahn-Hauptlinien in Ulm. Die Bevölkerung wächst um das Dreifache auf ca. 43 000.

**1943/44
Hans und
Sophie Scholl,
Feldmarschall
Rommel**

In München wurden die Ulmer Geschwister Hans und Sophie Scholl zum Tode verurteilt und hingerichtet. Beide standen im aktiven Widerstand gegen die Führer des Dritten Reiches.
Ebenso mußte Feldmarschall Rommel aus Herrlingen wegen seinen Verbindungen zu Widerstandskämpfern den Freitod wählen.

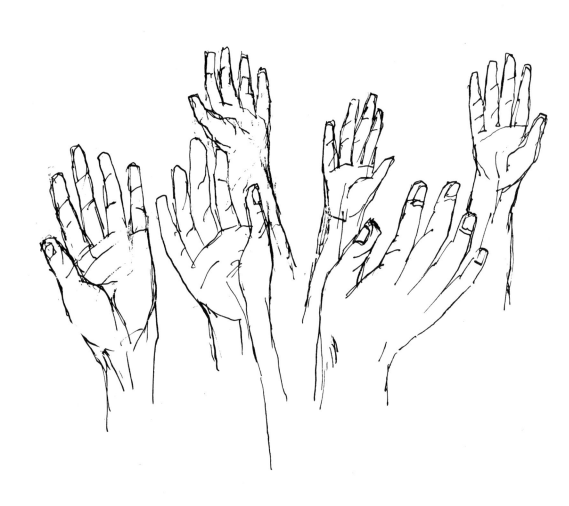

**17. Dez. 1944
Bombenangriff
auf Ulm**

fielen die ersten von insgesamt ca. 90 000 Bomben auf Ulm. Der Bombenangriff hinterließ ca. 700 Tote, ca. 600 Verwundete und 20 000 bis 25 000 Obdachlose. Von der ehemaligen freien Reichsstadt Ulm mit vielen Zeugnissen ihrer Geschichte war nur noch eine Trümmerwüste übrig, aus der jedoch das Münster fast unversehrt herausragte.

**1946
Gründung der
Volkshochschule**
wurde in Ulm die Volkshochschule gegründet. Unter ihrer ersten Leiterin, Inge Aicher-Scholl, hatte die Volkshochschule durch ihre Struktur und Weltoffenheit einen Ruf weit über Ulm hinaus erhalten. Nach dem Umzug in ein eigenes Gebäude, dem „Einsteinhaus", hat sich die Arbeit der vh noch intensiviert. Sie leistet heute einen wesentlichen Beitrag zur Erwachsenenbildung in Ulm.

**1947/48
Wahlen zum
Gemeinderat
und Oberbürger-
meister**

1947 wählte die Ulmer Bevölkerung erstmals wieder frei einen Gemeinderat, bestehend aus 36 Mitgliedern. Am 31. Mai 1948 trat der neu gewählte Oberbürgermeister Ulms, Theodor Pfitzer, sein Amt an. Während seiner Amtszeit, die bis 1972 dauerte, vollzogen sich in Ulm die wesentlichen kulturellen, wirtschaftlichen und baulichen Schritte, die nach der Zerstörung von 1944 notwendig waren.

**8. Juni 1951
Baubeginn
auf dem
Eselsberg**

Die Grenze nach Bayern hatte zwangsläufig zur Folge, daß die bauliche Erweiterung der Stadt an und auf den nördlich gelegenen Bergen erfolgte. So entstanden die neuen Stadtteile Eselsberg und Böfingen mit Braunland. Auf dem Eselsberg sind neben dem allgemeinen Wohnbau die drei Hochhäuser bemerkenswert, die als erste Hochhäuser in Ulm gebaut wurden.

An einem beliebigen Tage in einem beliebigen Monat anno 1999 träumen nur noch ein paar Esel auf dem Eselsberg von einem Jugend- oder-Bürger-oder-Sozial-Haus...

**17. Juli 1954
1100 Jahrfeier
der Stadt Ulm**

Anläßlich der ersten urkundlichen Nennung Ulms 854 wurde 1954 das 1100jährige Bestehen der Stadt gefeiert. An den Feiern nahmen zahlreiche Ehrengäste teil, so bei dem Festakt am 31. Juli auch der evangelische Landesbischof Hang und Ministerpräsident Gerhard Müller.

**2. Okt. 1955
Hochschule
für Gestaltung
wird eröffnet**

Im September 1953 wurde durch Max Bill mit den Bauten der Hochschule für Gestaltung auf dem Kuhberg begonnen. Die Initiative für eine derartige Schule ging von Kreisen um den Graphiker Otl Aicher und Inge Aicher-Scholl aus. Mit Spenden von amerikanischen und deutschen Trägern konnte dann das Projekt realisiert werden. 1955 wurde die HfG eröffnet.

**27. März 1956
Erste Licht-
signalanlage**

Die erste Lichtsignalanlage in Ulm wurde an der Zinglerstraße – Bismarckring in Betrieb genommen.

**18. Mai 1963
Übergabe der
staatlichen
Ingenieurschule
in Ulm**

Ein weiterer Schritt, Ulm zu einer überörtlichen Schulstadt zu machen, war die 1960 vollzogene Gründung einer staatlichen Ingenieurschule, 10 Jahre später Fachhochschule. Die Einweihung der neuen Gebäude, vorher wurde der Unterricht in Notunterkünften in Wiblingen erteilt, erfolgte am 18. Mai 1963.

**21. März 1964
Gründungsaus-
schuß Universität
Ulm eingesetzt**

1960 kam es zur Gründung des „Arbeitskreises Universität Ulm" unter dem Vorsitz von Theodor Pfitzer. Gegen den Widerstand der Landesregierung, die eine Universität in Konstanz gründen wollte, gelang es diesem Arbeitskreis letztlich doch, durch Verträge, Verhandlungen und Herausgabe eines „Universitätsplan Ulm" die Landesregierung zu überzeugen. Am 21. März 1964 wurde der Gründungsausschuß der Hochschule eingesetzt.

**25. Febr. 1967
Gründungsfeier
Universität Ulm**

Unter Anwesenheit von Bundeskanzler Kurt Georg Kiessinger, Ministerpräsident Filbinger und Vertretern auswärtiger Universitäten wurde im Kornhaus die Gründungsfeier begangen. Am 14. Juli 1969 folgte dann die Grundsteinlegung für die Gebäude auf dem oberen Eselsberg.

**2. Okt. 1968
Erster ökumenischer Gottesdienst**

fand erstmals in der Ulmer Kirchengeschichte ein gemeinsamer Gottesdienst von evangelischen und katholischen Gemeinden in der St. Georgskirche statt.

**3. Okt. 1969
Eröffnung des neuen Ulmer Theaters**

Nachdem auch das Ulmer Theater im zweiten Weltkrieg am 29. September 1945 zerstört wurde, nahm man nach dem Krieg in der Turnhalle eines Gymnasiums den Theaterbetrieb wieder auf. 1966 erfolgte die Grundsteinlegung zu einem neuen Theater, das am 3. Oktober 1969 mit einem Festakt und der Aufführung der Oper „Der Rosenkavalier" eröffnet wurde.

1971–75 Eingemeindungen

Die mit der Eingemeindung von Söflingen 1905 begonnene Politik der Stadt, durch Eingemeindungen ihr Gebiet und ihre Einwohnerzahl zu erweitern, fand in der Gebietsreform ihre Fortsetzung.
Die Markungsfläche wuchs von 4 977 ha auf 11 700. Die Bevölkerung vermehrte sich um 10 800 Personen auf 99 578 (1975).

**1972
Wahlen zum
Oberbürger-
meister, Dekan,
Landtags-
abgeordneten**

In diesem Jahr wurden drei bedeutende Wahlen in Ulm durchgeführt.
Am 27. Februar wählten die katholischen Geistlichen den Susopfarrer Ferd. Bamberger zum Dekan von Ulm. Er wurde Nachfolger von Monsignore Josef Gantert, der nach 15 Jahren Tätigkeit aus diesem Amt ausschied.
Am 23. April wurde der CDU-Bewerber Ernst Ludwig in den Landtag gewählt.
Am 14. Mai wurde Bürgermeister Dr. Hans Lorenser mit einem Stimmenanteil von 63,5 % zum Oberbürgermeister der Stadt Ulm gewählt.

**14. 5.–6. 10. 1980
Erste Landesgartenschau
Baden-Württ./
Bayern
Ulm/Neu-Ulm**

Auf einem Gelände von ca. 29 ha auf der Ulmer Seite und ca. 27 ha auf der Neu-Ulmer Seite fand in Ulm die erste grenzüberschreitende Landesgartenschau statt. Knapp 1,5 Mill. Besucher sahen bis zum 6. Oktober über 700 Veranstaltungen innerhalb des Geländes und zahllose weitere Veranstaltungen in den beiden Donaustädten.

Literatur Ulm, Garnison und Festung
Ulm, Stadtgeschichte
Ulm, Geschichte einer Stadt
Ulmer Forum
Ulmer Chronik
Ulmer Bilderchronik
1100 Jahre Ulm
Ulmer Theater 77/78
Kirchen und Klöster
Ausbau von Ulm
durch Ulm